ro
ro
ro

ro
ro
ro

SIMON BECKETT

# EIN GANZ NORMALER TAG

▪

# SCHNEEFALL

Aus dem Englischen von Andree Hesse
und Hans-Ulrich Möhring

Rowohlt Taschenbuch Verlag

8. Auflage August 2025
Veröffentlicht im Rowohlt Taschenbuch Verlag
Rowohlt Verlag GmbH, Kirchenallee 19, 20099 Hamburg

Zuerst veröffentlicht im Rowohlt Taschenbuch Verlag,
Reinbek bei Hamburg, November 2016
Die Erzählungen der vorliegenden Ausgabe wurden dem Band
«Tödliche Gaben. Die spannendsten Weihnachtskrimis»,
herausgegeben von Silke Jellinghaus, sowie dem Band
«Tatort Tannenbaum. Kommissare feiern Weihnachten»,
herausgegeben von Friederike Ney, entnommen.

Umschlaggestaltung Hafen Werbeagentur, Hamburg
Satz Pinkuin Satz und Datentechnik, Berlin
Druck und Bindung CPI books GmbH, Leck
ISBN 978-3-499-29072-5

Kontaktadresse nach EU-Produktsicherheitsverordnung:
produktsicherheit@rowohlt.de

FSC
www.fsc.org
MIX
Papier | Fördert
gute Waldnutzung
FSC® C083411

*Inhalt*

# Ein ganz normaler Tag

*Aus dem Englischen*
*von Hans-Ulrich Möhring*

Was von ihr übrig war, sah übel aus. Haut und Fleisch waren weitgehend weggerissen, darunter kamen die Rippen zum Vorschein, das ganze Skelett. An einigen entfleischten Gelenken hing noch der Knorpel, aber die meisten der langen Gliederknochen waren exartikuliert. Rechts fehlten Elle und Speiche völlig, ebenso der rechte Oberschenkelknochen. Der linke hing nur an einem dünnen Hautfaden.

«Hättest du gern ein Stück Gans, David?», fragte Anja und trat zu mir ans Buffet. Mia, ihre kleine Tochter, hielt ihren Hals umschlungen und schlief schon halb. «Es gibt noch reichlich.»

Ich war in Gedanken weit weg gewesen. Mit einem Lächeln riss ich mich von der Leichenschau los. «Im Augenblick nicht, danke.»

«Ich weiß auch nicht, warum wir immer so einen großen Vogel kaufen. Die reine Verschwendung. Ach ja.» Sie lächelte mich an. «Egal, greif bitte zu. Im Moment sind hauptsächlich Reste im Angebot, aber es kommt gleich Nachschub. So, und jetzt bringe ich erst mal diese kleine Leiche hier ins Bett, dann muss ich gucken, wo Jason mit dem Glühwein bleibt.»

Sie drehte sich um, schlängelte sich mit ihrer todmüden Kleinen durch das Gedränge und wechselte noch kurz mit dem einen oder anderen Gast ein Wort. Anja war eine gute Gastgeberin, eine von denen, für die der Umgang mit Gästen so natürlich ist wie das Atmen. Sie kam aus Kopenhagen und war mit einem Studienfreund von mir verheiratet. Jason war Orthopäde geworden, während ich in eine ganz andere Sparte gewechselt war. Aber wir waren in Kontakt geblieben, und die Weihnachtsfeier bei ihnen zu Hause war inzwischen zu einem alljährlichen Ritual geworden. An diesem Abend hatte ich noch zu tun gehabt, und da ich deshalb das vorangegangene traditionelle dänische Weihnachtsessen verpasst hatte, war die Party schon in vollem Gange, als ich schließlich eintraf. Das Haus war geschmackvoll mit selbstgebastelten Gestecken aus Stechpalmenzweigen und Kiefernzapfen dekoriert, und an strategischen Stellen in dem weitläufigen Wohnzimmer brannten stimmungsvoll Bienenwachskerzen. Der Raum quoll über vor Menschen, und das Stimmengewirr, durchsetzt mit Lachen und Gläserklirren, übertönte beinahe, aber nur beinahe, die im Hintergrund spielenden obligatorischen Weihnachtslieder. Ich schloss mit mir selbst eine Wette ab, dass vor Ende des Abends noch Nat King Cole laufen würde.

*Na dann, fröhliche Weihnachten, Hunter.* Ich nahm mir einen Teller und beäugte die Speisen mit mäßigem Appetit. Zu Mittag hatte es ein abgepacktes Sandwich und einen Kaffee aus dem Automaten im Krankenhaus gegeben, beides eine Zumutung. Anja war eine gute Köchin, und die Platten mit Bratenaufschnitt, Fisch und dänischen Weihnachtsspezialitäten sahen wie immer verlockend aus. Aber ich hatte keinen Hunger. Ich versuchte, mir einzureden, dass mir die unerfreuliche Arbeit vorhin im Leichenschauhaus nachhing, zu der ich noch nichts Weiteres gehört hatte. Doch ich wusste, dass das nur Ausflüchte waren: Meine Appetitlosigkeit hatte einen anderen Grund.

Ich war nervös.

Ich sondierte die versammelten Gesichter in der Hoffnung, das der jungen Frau darunter zu entdecken. Sie war nicht da. Vor Enttäuschung zog sich mein Magen zusammen. Mir war klar, wie lächerlich das war. Ich wusste gar nichts über sie, kannte nicht einmal ihren Namen, sodass es doppelt und dreifach absurd war, wie sehr sich meine Hoffnungen im Laufe des Abends hochgeschaukelt hatten.

Vor lauter Unruhe wollte ich schon überprüfen, ob ich neue Nachrichten auf dem Handy hatte. Eigentlich hatte ich es bewusst im Flur in der Manteltasche gelassen. Ich hätte mich natürlich von der jungen Frau ablenken können, andererseits hatte ich vor kurzem erst nachgeschaut, und ich war schließlich Gast auf einer Weihnachtsfeier.

*Komm, entspann dich. Und mach ein freundliches Gesicht: Es ist Weihnachten.* Ich schenkte mir nach und tat mir pro forma ein paar Stückchen Käse auf den Teller.

Dann nahm ich zur Stärkung einen Schluck Wein und mischte mich unters Volk.

* * *

«Klarer Fall, würde ich sagen. Ein tödlicher Schlag auf den Kopf. Die Autopsie hat schweres Schädeltrauma und Gehirnblutung ergeben, der Tod ist also praktisch sofort eingetreten.»

Der Ton des Polizisten war scharf und bestimmend, womit Detective Chief Superintendent Nichols überhaupt ganz gut charakterisiert war. Ich arbeitete zum ersten Mal mit ihm zusammen, aber dem Mann eilte der Ruf voraus, beinahe beleidigend brüsk zu sein, vor allem wenn ihm jemand querkam.

Ich musste nicht unbedingt wissen, ob der Ruf berechtigt war.

«Wenn der Fall so klar ist, was wollen Sie dann von mir?», fragte ich, das Telefon in der einen Hand, während ich mir mit der anderen Notizen machte.

«Die Pathologin meinte, es würde nicht schaden, Ihre Meinung einzuholen. Sie sagt, das Opfer wäre offensichtlich mit irgendeinem stumpfen Gegenstand niedergeschlagen worden, aber ein Forensiker würde sich mit so Sachen besser auskennen als sie.»

«Wer ist die Pathologin?»

«Parekh.» Er zog die Nase hoch. «Ich persönlich glaube, wir verschwenden nur Ihre Zeit, aber sie will es so haben.»

Ich schmunzelte. Ich kannte Riya Parekh, eine Frau mittleren Alters, die sich genauso wenig reinreden ließ wie Nichols. Das war bestimmt ein lebhafter Meinungsaustausch gewesen. Und sie musste ihre Gründe haben, mich hinzuzuziehen. «Sie sagen, Sie haben bereits einen Verdächtigen festgenommen?»

«Genau. Vierundvierzig Jahre alt, obdachlos, heißt Anthony Kingston. Alkoholiker, mehrfach aufgefallen wegen Trunkenheit und Ruhestörung, aber keine richtigen Gewalttaten. Bis jetzt.»

«Sind Sie sicher, dass er es war?»

«Er wurde am Tatort bei der Leiche aufgegriffen. Das Opfer hieß Elaine Williams, Witwe, sechsundsiebzig Jahre alt. Hatte Geschenke für ihre Enkel gekauft und war auf dem Weg nach Hause. Laut Zeugenaussagen hatte Kingston zuvor betrunken in der Gegend herumgebettelt. Anscheinend wollte er sich nicht abweisen lassen und hat der alten Frau mit einer Whiskyflasche eins übergezogen.»

«Aber er streitet es ab?» Wenn er gestanden hätte, gäbe es keinen Grund, mich zu konsultieren.

«Nicht so richtig. Als er nüchtern genug war, um vernommen zu werden, gab er an, sich an nichts zu erinnern. Könnte sogar stimmen, aber die Flasche *lag neben der Leiche, voll von ihrem Blut und seinen Fingerabdrücken. Nicht ganz das Weihnachten, das ihre Angehörigen sich vorgestellt haben.»*

*Bestimmt nicht. «Na schön, ich werfe heute Nachmittag einen Blick drauf.»*

*«An Heiligabend?» Er klang verwundert. «Das kann warten bis nach den Feiertagen.»*

*Ich dachte an die Angehörigen der Toten und an den obdachlosen Mann in seiner Gefängniszelle. «Dürfte nicht lange dauern», sagte ich.*

* * *

Ich hatte die junge Frau erst einmal gesehen, auf einer Grillparty, die Anja und Jason im Spätsommer gegeben hatten. Sie stand auf der anderen Seite der gedrängt vollen Gartenterrasse, blond und attraktiv, mit sonnengebräunten Schultern und einem Lächeln, von dem ich nur schwer den Blick losreißen konnte. Ich musste sie angegafft haben, denn plötzlich sah sie mich direkt an. Der Augenblick zog sich hin, ohne dass einer von uns wegschaute, und es war fast unheimlich, wie natürlich es sich anfühlte. Mir war sofort, als würde ich sie schon ewig kennen.

Ich war schon drauf und dran gewesen, sie anzusprechen, aber Anja suchte sich gerade diesen Moment aus, um mich einigen ihrer Kollegen vorzustellen. Als ich mich schließlich losgeeist hatte, war die junge Frau nicht mehr im Garten. Ich sah mich im Haus nach ihr um, dann wieder draußen, bis ich mich damit abfand, dass sie gegangen war.

«Blond, attraktiv?», sagte Jason, als ich ihn später zu fassen kriegte. Er bekam langsam eine Glatze und hatte den massigen Körperbau vieler Orthopäden. «Umwerfendes Lächeln?»

«Bingo. Wie heißt sie?»

«Keine Ahnung, nicht die geringste.»

«Ist sie eine Freundin von Anja?»

Er angelte sich das nächste Bier aus einem Kübel mit schmelzendem Eis und öffnete es mit einer fleischigen Hand. «Glaube ich nicht. Hätte ich mir gemerkt.»

«Warum war sie dann auf euerm Grillfest?», fragte ich ungeduldig.

«Wahrscheinlich mit jemand mitgekommen.» Er grinste über meinen Gesichtsausdruck und klopfte mir auf die Schulter. «Mann, David, dich hat's ja richtig erwischt, was? Wart mal, ich bin mir nicht sicher, aber ich *glaube*, sie könnte im Krankenhaus arbeiten. Ich hör mich mal um, vielleicht kann ich ja was in Erfahrung bringen.»

Aber bis jetzt war er damit kläglich gescheitert. Als die Tage kürzer wurden und der Winter sich mit einem Frosthauch in der Luft ankündigte, hatte ich immer noch nichts über die junge Frau herausbekommen. Trotzdem ging mir ihr Bild nicht mehr aus dem Sinn, sodass ich mich schließlich über mich selbst ärgerte. *Hör auf, dich wie ein Schuljunge zu benehmen. Du wirst sie nie wiedersehen. Schlag sie dir aus dem Kopf.* Ich hatte mich nach Kräften darum bemüht, dann aber hatte Jason angerufen und mich an seine Weihnachtsfeier erinnert. Und seitdem hatte ich an kaum etwas anderes denken können.

Auf Anjas und Jasons Festen kam immer eine bunte Mischung von Leuten zusammen. Von einer Gruppe zur anderen schlendernd, heuchelte ich höfliches Interesse an den Meinungen wildfremder Personen. Ich tat so, als lauschte ich den Tiraden eines Dichters, eines verbitterten Mannes im mittleren Alter, der mit jedem Schluck

Wein immer schärfer und lauter wurde. Von mir aus. Dann musste ich wenigstens keine Konversation treiben, während ich über seine Schulter hinweg möglichst unauffällig die Tür im Auge behielt und hoffte, sie möge kommen. Sie kam nicht, und meine Enttäuschung steigerte sich mit jeder Minute.

Als ich sie eintreten sah, wurde ich urplötzlich schwerelos. Der Dichter schwadronierte weiter, doch ich hörte ihn nicht mehr. Die junge Frau zögerte kurz auf der Schwelle, bevor sie das überfüllte Zimmer betrat. Sie trug ein schlichtes schwarzes Kleid, und obwohl ihre sommerliche Bräune verblasst war, kam es mir vor, als hätte ich sie erst vor wenigen Minuten zuletzt gesehen.

Sie jedoch sah mich nicht. Im nächsten Moment trat jemand hinter ihr durch die Tür. Ein Mann im schicken Anzug. Er legte ihr mit besitzergreifender Geste die Hand auf die Schulter und flüsterte ihr grinsend etwas zu.

Sie lächelte ihn an, während sie gemeinsam in die Menge eintauchten.

* * *

*Die Verletzung am Schädel der alten Frau war so schlimm, wie Nichols gesagt hatte. Die Hirnschale unterscheidet sich von den anderen Knochen im Körper. Dünn und gewölbt, wie sie ist, wird sie aus acht verschiedenen Platten gebildet, die erst nach der Geburt zusammenwachsen. Diese bestehen aus einer schwammartigen Schicht, der sogenannten Diploe, die zwischen einer inneren und einer äußeren Knochenschicht liegt. Durch stumpfe Gewalt biegt sich gewöhnlich der Schädelknochen nach innen, sodass in der inneren wie der äußeren Schicht Brüche entstehen und Frakturlinien über die Wölbung ausstrahlen. Doch selbst in so einem Fall ist die Hirnschale noch erstaunlich elastisch: Ein einziger Schlag mag den Knochen lockern und brechen, aber verursacht selten ein Loch. Nur massive Gewalt kann den Schädel zertrümmern und Knochensplitter nach innen schieben, sodass sie in das empfindliche Organ dahinter stechen.*

*Elaine Williams' Schädel war sehr hart getroffen worden. Sie hatte eine hohe, vorspringende Stirn, und durch die Wucht des Schlags hatte sich ein rautenförmiges Stück des Stirnbeins in das Frontalhirn gebohrt. Die grauenhafte Verletzung hatte die darunterliegende zarte Hirnhaut zerrissen und starke Gehirnblutungen verursacht, die niemand überleben konnte. Der Tod musste praktisch sofort eingetreten sein.*

*Ich blätterte mich im Autopsiebericht zu dem Abschnitt mit der Krankengeschichte der Toten durch. Abgesehen von fortgeschrittener Osteoporose war Elaine Williams für ihr Alter verhältnismäßig gesund gewesen. Ich wandte meine Aufmerksamkeit ihren sonstigen Verletzungen zu. Beziehungsweise dem Fehlen derselben: Die Nase war zwar gebrochen, wahrscheinlich infolge des Aufschlags, als sie mit dem Gesicht zuerst auf den Boden knallte. Aber es gab keine Colles-Frakturen an den Handgelenken, die bei ihrer Osteoporose praktisch unvermeidlich gewesen wären, wenn sie versucht hätte, den Sturz mit den Händen abzufangen. Alles deutete darauf hin, dass die alte Frau wie vom Blitz getroffen zu Boden gegangen war, ohne jeden Versuch, sich zu schützen.*

*Ich las noch einmal den Polizeibericht. Man hatte Kingston schreien hören, und die ersten Zeugen am Tatort trafen ihn über die Frau gebeugt an. Mit dem Gesicht nach unten lag sie regungslos auf der Straße, zu beiden Seiten Taschen mit herausgefallenen Einkäufen. Kingstons nahezu leere Flasche mit Supermarkt-Whisky lag neben ihrem Kopf auf dem Boden.*

*Er weinte und stammelte zusammenhangloses Zeug, als er verhaftet wurde, wobei er zuerst behauptete, sich an nichts erinnern zu können, und dann, er habe der Frau aufhelfen wollen.*

*Aber seine Fingerabdrücke waren überall auf der Whiskyflasche, die zudem mit dem Blut der Frau beschmiert war. Wie die Pathologin bemerkt hatte, hätte der Aufschlag mit dem Kopf auf dem Pflaster durchaus auch tödlich sein können, doch die typische Folge wäre ein einfacher Bruch gewesen und nicht etwa ein Loch im Schädel. Außer der Flasche fand sich nichts in der Nähe, was eine solche Verletzung verursacht haben könnte. Und selbst damit, meinte die Pathologin, hätte es für ein solches Ergebnis absolut brutaler Gewalt bedurft.*

*Ich überlegte eine Weile, dann griff ich zum Telefon. Ich war schon im Begriff, Nichols anzurufen und um weitere Fotos vom Tatort zu bitten, als mir einfiel, welcher Tag war. Er hatte gesagt, ich könne ihn unter dringenden Umständen anrufen, aber es wurde schon spät, und ich wollte ihn an Heiligabend nicht unnötig stören.*

*Ich zog mir Handschuhe und Kittel aus und ging meinen Mantel holen.*

* * *

Alle Freude auf die Party war wie weggeblasen, als ich sah, dass die junge Frau nicht allein war. Der Mann trug einen beigen Anzug und ein weißes Hemd, dessen offener Kragen seine Winterbräune gut zur Geltung brachte, sowie ein Kinn, das vor lauter Spesenessen langsam die Form verlor. Mit einem Gefühl jäher Ernüchterung wandte ich mich ab, während sie auf den Tisch mit den Getränken zusteuerten. Dass sie nicht erscheinen würde, darauf war ich gefasst gewesen, aber dass sie mit jemand anders zusammen sein könnte, war mir gar nicht in den Sinn gekommen. Ich kam mir unglaublich naiv vor. *Na gut, das war's. Jetzt weißt du wenigstens Bescheid.*

Auf einmal wollte ich unbedingt weg. Es war noch früh, aber ich konnte Müdigkeit vorschützen, nachdem ich den ganzen Tag gearbeitet hatte. Ich überließ den Dichter seinem trunkenen Geschwafel, um mich von Anja und Jason zu verabschieden. Doch ich kam nicht dazu.

«Ach, David, gerade habe ich von dir gesprochen», sagte Anja, bevor ich zu Wort kommen konnte. «Bei Philip und Dianne hier wurde vorige Woche eingebrochen, und ich habe ihnen erzählt, dass du als Rechtsmediziner für die Polizei arbeitest.»

«Das hat eigentlich nichts mit –», begann ich, aber da wurde sie schon von jemand aus einer anderen Gruppe gekapert. Das Paar, mit dem sie mich stehenließ, setzte diskret fragende Mienen auf und lächelte. Was blieb mir übrig, als dasselbe zu tun? «Also ... bei Ihnen ist eingebrochen worden?»

Bei dem einzigen Einbruch, mit dem ich je zu tun gehabt hatte, war der Hausbesitzer totgeprügelt und anschließend angezündet worden, und da ich meine Zweifel hatte, dass sie das hören wollten, behielt ich es lieber für mich. Aber wir unterhielten uns gut, und so ließ ich mir schließlich doch nachschenken. Mir war vage bewusst, dass jemand neben mir stand, doch erst als er etwas sagte, nahm ich ihn zur Kenntnis.

«Wenn Sie meine Meinung hören wollen: Es gibt nichts, was einen in diesem Land motivieren könnte, *kein* Verbrechen zu begehen, das ist das Problem.»

Es war der Mann, der mit der jungen Frau gekommen war. Mein Puls überschlug sich, als ich sie an seiner Seite stehen sah. Sie lächelte mir zu, und eine Sekunde lang fragte ich mich, ob sie sich von dem Grillfest noch an mich erinnerte. Dann brach die Wirklichkeit über mich herein, und ich sagte mir, dass das jetzt ohnehin keine Rolle mehr spielte.

«Die sogenannte Rechtspflege in diesem Land krankt daran, dass sie sich mehr darum kümmert, das Gesocks zu schützen, das die Verbrechen begeht, als die Opfer», fuhr der Mann fort. Er strömte eine Selbstzufriedenheit aus, die ich äußerst unangenehm fand, obwohl ich zugeben musste, dass ich vermutlich voreingenommen war. «Wenn Sie mich fragen, dann sollten Leute, die sich wie Abschaum aufführen, auch wie Abschaum behandelt werden. Das sagt einem doch der gesunde Menschenverstand. Warum sollten wir uns um die Menschenrechte eines Kriminellen kümmern?»

Er gestikulierte dabei mit seinem Glas herum und hätte um ein Haar den Inhalt verschüttet, möglicherweise Wasser, doch seine geröteten Wangen ließen mich daran zweifeln. Die nächsten zehn Minuten trug er uns seine Ansichten dazu vor, wie die Missstände in der Gesellschaft zu beseitigen seien, wobei er zwischendurch einfließen ließ, dass er Wertpapierhändler in der City war, in einem großen Haus in Notting Hill wohnte und einen 1965er Jaguar E-Type fuhr.

Aber zu dem Zeitpunkt hörte ich schon nicht mehr hin. Seine Ansichten waren mir so gleichgültig wie sein Erfolg, doch es ärgerte mich, dass die junge Frau mit einem wie ihm zusammen war. *Oder überhaupt mit einem anderen, gib's ruhig zu.* Während der Börsenhändler weiter vom Leder zog, warf ich ihr abermals einen Blick zu und sah, dass ihre Augen auf mich gerichtet waren. Einer ihrer Mundwinkel hob sich zu einem halben Lächeln, als wüsste sie, was ich dachte. Ich spürte, wie meiner erwidernd zuckte. Einen Moment lang war es, als wären wir die einzigen Menschen im Raum.

Leider stimmte das nicht.

«Sie haben daran etwas auszusetzen?»

Der Börsenhändler fixierte mich. Ich wusste nicht, was er zuletzt gesagt hatte. «Woran?»

«An meiner Argumentation. So wie Sie gerade gelächelt haben, dachte ich, Sie wären vielleicht anderer Meinung.» Das sagte er scheinbar freundlich, sein Blick war aber grimmig.

«Oh ... Verzeihung, aber ich hatte gerade nicht auf Sie geachtet.»

«Offensichtlich.»

Die junge Frau an seiner Seite seufzte. «Rupert –», begann sie, doch er überging sie.

«Wie war noch mal Ihr Name?» Er neigte den Kopf mit gespielter Neugier.

«David. David Hunter.»

«Erzählen Sie mal, David, was machen Sie beruflich?»

«Er ist forensischer Anthropologe», schaltete sich die Frau ein, die Anja als Dianne vorgestellt hatte. «Er hilft der Polizei, Morde aufzuklären.»

«Tatsächlich?» Ich sah, wie er überlegte, ob sich damit etwas anfangen ließ. «Verdient man da gut?»

«Nicht besonders», sagte ich.

Das beruhigte ihn. Mir wurde ein süffisantes Grinsen zuteil. «Na, machen Sie sich nichts draus. Ich bin sicher, Mörder zu fangen ist sehr ... aufregend.»

Ich zuckte die Schultern. «Mit dem Fangen habe ich nichts zu tun, ich versuche nur festzustellen, was passiert ist.»

«Anja hat uns gerade erzählt, dass er in so einer Forschungsstelle in Amerika gearbeitet hat», warf Dianne ein. «Das klang echt spannend. Sie machen dort diese ganzen Experimente mit verwesenden Leichen, um den Verfallsprozess zu erforschen.»

Ich wusste, dass sie es gut meinte, aber man hätte es besser beschreiben können. Ich fühlte, wie ich rot im Gesicht wurde, während der Börsenhändler immer breiter grinste. «Verwesende Leichen, hä? Und ich dachte, es wäre nur Ihr Rasierwasser.»

Er lachte bellend und tat so, als wäre es scherzhaft gemeint. Ich kniff mir ein Lächeln ab. Sinnlos, etwas anderes zu tun. *Guter Spruch. Den kannte ich noch nicht.* Philip und Dianne stimmten halbherzig ein, doch die Wangen der jungen Frau röteten sich vor Ärger oder Verlegenheit.

«Das war nicht lustig.»

«Ach, komm, ich hab doch bloß einen Witz gemacht. Ich bin sicher, David braucht in seinem

Beruf öfter mal einen guten Schuss Humor. Nicht wahr, David?»

«Ich komme aus dem Lachen gar nicht mehr raus», sagte ich.

Er kniff die Augen zusammen, und sein Lächeln erstarrte bei dem Versuch, sich darüber klarzuwerden, ob das ernst gemeint war. «Ja, gut, ich glaube, mein Glas ist leer.»

Er legte den Arm um die junge Frau und setzte an, sie davonzuschieben. Sie blickte noch immer verärgert, und einen Moment lang dachte ich, sie würde sich sträuben. Dann schenkte sie mir ein Lächeln, das bedauernd wirkte, auch wenn ich mir hinterher sagte, dass ich mir das nur eingebildet hatte.

«Tschüs», sagte sie und ging mit ihm.

* * *

*Die Straßen waren menschenleer. Ich erblickte eine Familie mit einem vorzeitigen Weihnachtsgeschenk, einem Welpen mit einer Glitzerschleife um das Halsband, doch sonst niemanden. Die Geschäfte waren geschlossen und die letzten Einkäufer nach Hause gegangen. Ich konnte es ihnen nicht verdenken. Die-*

*ses Jahr würde es ein bitterkaltes Weihnachten geben, wenn auch kein weißes. Der scharfe Wind peitschte mir ins Gesicht und nadelte meine bloße Haut mit bösartigen hartgefrorenen Schneesplittern, die man nicht mehr als Flocken bezeichnen konnte. Ich klappte den Mantelkragen hoch, schloss mit dunstendem Atem den Wagen ab und ging an der Reihe verrammelter Läden vorbei zu der Stelle, wo Elaine Williams gestorben war.*

*Sie war denkbar leicht zu finden. Das über die Straße gespannte Absperrband war fort, aber an einer Straßenlaterne klebte ein blau-gelber Zeugenaufruf. Ein Stück davor blieb ich stehen. Vor einem geschlossenen Secondhandladen entdeckte ich einen dunklen Fleck auf einer der Betonplatten des Bürgersteigs. Das Blut war nicht abgewaschen worden, aber es war ohnehin nicht viel. Und bei der Kälte war es bestimmt schnell gefroren. Kleine Pfützen waren vereist und hart wie Glas, und das Wasser aus einem verstopften Abflussrohr schlängelte sich wie schmutziges Wachs über den Bürgersteig in den Rinnstein.*

*Sonst fiel mir nichts auf; ganz gewiss nichts, was darauf hindeutete, dass hier ein Leben sein Ende gefunden hatte. Eine ganz normale Straße an einem ganz normalen Tag. Doch ich hatte genug gesehen. Die Käl-*

*te drang mir durch Mantel und Schuhe, während ich zu meinem warmen Auto zurückeilte. Es wurde schon spät, aber ich hatte noch Zeit für eine heiße Dusche, bevor ich zu Anja und Jason ging. Der Gedanke, wer dort auftauchen könnte, machte mich sowohl erwartungsfroh als auch nervös, aber vorher musste ich noch eine letzte Sache erledigen. Ich konnte nicht behaupten, dass ich mich darauf freute.*

*Ich nahm mein Telefon und ging daran, Nichols den Heiligabend zu verderben.*

* * *

Ich blieb noch ein Weilchen auf dem Fest, hauptsächlich deshalb, weil das einfacher war, als Anja und Jason nachzujagen und ihnen meinen Aufbruch zu verkünden. Ich war missmutig und müde, ausgepumpt von dem langen Tag und der Enttäuschung. Nach ungefähr einer halben Stunde nichtssagendem Gerede hatte ich endgültig genug. Ich sah weder die junge Frau noch ihren Begleiter, als ich meine Abschiedsrunde drehte. Ich konnte nicht sagen, ob mich das erleichterte oder nicht. Anja umarmte und küsste mich, bevor sie weiter ihren Pflichten als Gastgeberin nachkam, während Jason mich mit einem glasigen Blick ansah, der vermuten ließ, dass sein Weihnachtsmorgen nicht die reine Freude sein würde.

«Was ich dir noch sagen wollte, das Mädchen, das dir letztens gefallen hat, ist hier irgendwo», sagte er, schlang einen Arm um meine Schultern und blies mir seinen Glühweinatem ins Gesicht.

«Ja, ich hab sie gesehen.»

Er sah meine Miene und verzog das Gesicht. «So schlimm, hm? Ach, mach dir nichts draus. Du kennst doch das Sprichwort: Unglück in der Liebe, Glück in ... irgendwas. Jedenfalls scheiß drauf. Auch andere Mütter haben schöne Töchter.»

Ich rang mir ein Lächeln ab. «Nacht, Jason.»

Er winkte lässig und steuerte auf den Getränketisch zu. Ich begab mich zum Mantelhaufen auf der Treppe. Er hatte ja recht, dachte ich, während ich nach meinem guten Stück wühlte, aber das machte es nicht besser. Auch nicht, dass ich mir sagte, wie dumm es war, mich so auf eine junge Frau zu versteifen, mit der ich noch nicht mal geredet hatte. *Von wegen pragmatischer Wissenschaftler.*

Ich zog meinen Mantel an und trat aus dem alten viktorianischen Haus. Nach dem Lärm und der Wärme drinnen wirkte die Luft so ernüchternd wie eine kalte Dusche. Der Himmel war klar und schwarz, auf dem frostigen Boden glitzerte der helle Mond. Atemwölkchen ausstoßend, ging ich meine Möglichkeiten durch. Ich war nicht mit dem Auto gekommen, aus der Überlegung heraus, dass ein auflockernder Schwips mit einem einstündigen Heimweg zu Fuß nicht zu teuer bezahlt war. Jetzt fand ich die Idee nicht mehr so gut, und ich machte mir keine großen Hoffnungen, so spät an Heiligabend noch ein Taxi aufzutreiben.

Aber was half's, ich hatte keine Wahl. Ich schlug den Kragen hoch und machte mich auf den Weg. Das Gewicht meines Handys in der Manteltasche erinnerte mich daran, dass ich noch nichts von Nichols gehört hatte. Ich nahm es heraus und sah, dass es einen verpassten Anruf und eine Nachricht auf der Mobilbox gab. Ich zögerte. Wollte ich sie wirklich hören?

Eigentlich reichte es mir an schlechten Nachrichten für einen Abend.

Der Polizeichef war alles andere als erbaut gewesen, als ich ihn vorhin noch angerufen hatte.

«Sie wollen mir erzählen, dass Kingston Ihrer Meinung nach Elaine Williams *nicht* getötet hat?»

«Er kann es nicht gewesen sein. Die Schädelverletzung ist ungewöhnlich, aber sie stammt nicht von einer Flasche. Die Frau ist mit dem Kopf am Boden aufgeschlagen. Die Todesursache ist höchstwahrscheinlich der Sturz, kein Schlag, den sie von Kingston bekam.»

«Das sieht die Pathologin anders», schnauzte er. «Laut der Autopsie hätte ein Sturz ihr den Schädel angebrochen, aber nicht derart eingeschlagen.»

«Laut der Autopsie war es eigentlich keine typische Sturzverletzung.» Ich wählte meine Worte mit Bedacht: Heiligabend oder nicht, ich hatte nicht vor, einen hohen Polizeibeamten gegen mich einzunehmen. «Der Fall ist nicht typisch, deswegen wollte die Pathologin auch, dass ich mir die Sache anschaue. Schädel brechen nicht so ohne weiteres, schon gar nicht durch stumpfe Gewalt. Selbst brutale Gewalteinwirkung verursacht gewöhnlich nur einfache Frakturen. Im Normalfall braucht es mehr als einen Schlag, um Knochenstücke ins Gehirn zu rammen.»

«Dann hat Kingston eben zweimal zugeschlagen.»

«An genau derselben Stelle? Nichts deutet auf mehr als einen Auftreffpunkt hin, und eine sechsundsiebzigjährige Frau wäre nicht lange genug auf den Beinen geblieben, um mehr als einmal getroffen zu werden. Und selbst wenn, hätte eine Flasche oder sonst ein keulenartiger Gegenstand nicht zu einer solchen Schädigung geführt. Es gäbe nach innen gedrückte Schädelfragmente, mit Bruchlinien ringsherum. Hier aber hat sich ein massiver Knochenkeil ins Gehirn gebohrt.»

Er war nicht überzeugt. «Wenn eine Flasche das nicht kann, sehe ich nicht, wie ein Sturz das können sollte.»

«Sie hatte fortgeschrittene Osteoporose, deshalb», erklärte ich ihm. «Brüchige Knochen. Normalerweise gibt ein Schädel leicht nach, wenn er einen Schlag abbekommt. Dadurch entstehen die Frakturen, kleine Sprünge an der Biegung. Wenn aber der Knochen sehr brüchig ist, dann bricht er in seltenen Fällen einfach komplett durch. Das ist hier geschehen. Der Bürgersteig war durch einen verstopften Abfluss vereist, und Elaine Williams muss darauf ausgerutscht sein. Sie konnte nicht die Hände ausstrecken, um sich abzufangen, weil sie Einkaufstaschen trug. Daher schlug sie mit der Stirn zuerst aufs Pflaster und brach sich dabei auch noch die Nase. Bei den meisten Leuten hätte das eine böse Fraktur gegeben, aber ihr Schädel war zu schwach, um dem Aufprall standzuhalten.»

«Wenn das so ist, warum hätte dann ein Schlag mit einer Flasche nicht dieselben Folgen haben können?»

«Einmal, weil das Loch an der Stirn war, und wenn ein Schlag sie dort getroffen hätte, wäre sie nach hinten gefallen, nicht nach vorn. Laut dem Polizeibericht lag sie mit dem Gesicht nach unten, und sie hatte kein Trauma am Hinterkopf. Außerdem war die Flasche unversehrt, ziemlich unwahrscheinlich, wenn sie eine derartige Verletzung verursacht hätte.»

Das Blut darauf kam wahrscheinlich daher, dass Kingston in seinem betrunkenen Zustand zu helfen versucht hatte, aber darauf würde Nichols allein kommen. Ich hatte genug gesagt.

Schweigen am anderen Ende der Leitung. «Sie

muten mir zu, ziemlich viel zu schlucken. Sind Sie sich Ihrer Sache sicher?», fragte er schließlich.

Ich zögerte, aber nur kurz. «Ja.»

Er seufzte gereizt. «Ich melde mich wieder», sagte er und legte auf.

Das war das Letzte, was ich von ihm gehört hatte. Hinterher ärgerte ich mich ein bisschen, weil er meinem Urteil offensichtlich nicht traute. Ich war mir bewusst, wie wichtig ein gutes Ergebnis an diesem Punkt in meiner beruflichen Laufbahn sein konnte. Doch ich hatte getan, was ich konnte, und ohnehin war ich gerade mit anderen Dingen beschäftigt gewesen. Etwa, ob die blonde junge Frau wohl auf Anjas und Jasons Party sein würde.

Wenigstens die Frage war beantwortet worden, dachte ich angesäuert, als ich jetzt draußen auf der Straße stand. Auf zur nächsten. Ich atmete einmal tief die klirrend kalte Luft ein, wählte die Nummer meiner Mobilbox und spielte die Nachricht des Detective Chief Superintendent ab.

*Stephen Nichols hier, Dr. Hunter. Ich weiß, es ist spät, aber ich dachte, Sie würden gern erfahren, dass Anthony Kingston freigelassen wurde. Die Pathologin hat Ihrer Einschätzung zugestimmt, ich habe Kingston also in ein Heim der Heilsarmee bringen lassen. Da wird er wenigstens eine Nacht warm und nüchtern verbringen. Schönen Dank jedenfalls für Ihre Hilfe und frohe Weihnachten.*

Meine Hand brannte vor Kälte, als ich mein Telefon einsteckte und weiterging. Der Tag war also doch kein kompletter Reinfall gewesen. Es wurmte mich, dass Nichols sich bei der Pathologin vergewissert hatte, doch die forensische Anthropologie war ein relativ neues Feld: Ich würde mir ein dickes Fell zulegen müssen. Worauf es ankam, war das Ergebnis. Ich hatte geholfen, einen Unschuldigen zu entlasten, und vielleicht war es ein kleiner Trost für Elaine Williams' Angehörige, dass ihre Mutter und Großmutter nicht ermordet worden war. *Und jetzt hast du bei einem Polizeichef einen Stein im Brett, vergiss das nicht.* Ich wusste, ich sollte mich freuen, doch die Zufriedenheit fühlte sich hohl an. Ich musste an das Gesicht der jungen Frau denken und schob das Bild unwirsch beiseite. Ich benahm mich wie ein Teenager, der das Ideal einer schönen Fremden anschmachtet. *Die offensichtlich an kotzbrockigen Börsenhändlern und schnellen Autos Gefallen findet, das solltest du auch nicht vergessen.*

Herrje, war es kalt! Ich zog die Schultern hoch und ging schneller. Meine Schritte hallten auf der leeren Straße unnatürlich laut. Ein kurzes Stück vor mir sah ich am Rand des gelben Scheins einer Straßenlaterne eine dunkle Gestalt stehen, halb beschattet von den kahlen Ästen eines überhängenden Baums. Ich ging etwas langsamer. Ob Weihnachten oder nicht, ich hatte im Leben zu viele Leichen gesehen, um an Frieden auf Erden und den Menschen ein Wohlgefallen zu glauben. Doch die Gestalt war allein. Und eine Frau, wie ich erkannte, als ich näher kam. Ich wollte gerade die Straßenseite wechseln, um sie nicht zu beunruhigen, als mir die im Licht schimmernden blonden Haare auffielen. Ein jäher Adrenalinschub war die Folge. *Sei nicht albern, das ist nur ein Zufall.* Doch noch während ich mir das sagte, begriff ich, dass es keiner war.

Ich blieb ein paar Schritte vor ihr stehen. Sie hatte mein Näherkommen beobachtet, argwöhnisch zunächst, dann aber mit einem schwachen Lächeln.

«Hallo», sagte sie. Sie hatte die Hände tief in den Manteltaschen vergraben und trat auf dem eisigen Bürgersteig von einem Fuß auf den andern. Ihr Gesicht war vor Kälte verkniffen, aber immer noch schön.

«Alles in Ordnung mit Ihnen?», fragte ich.

«Ja, danke. Ich warte nur auf ein Taxi.»

Ich blickte die Straße hinauf. Die einzigen Fahrzeuge weit und breit parkten und waren dunkel.

«Es hieß, es könnte eine Weile dauern», fügte sie hinzu.

«Wo müssen Sie hin?» Ich konnte es immer noch nicht recht fassen, dass sie dort stand.

«Clerkenwell.» Mit einem Achselzucken bestätigte sie, ja, das war weit weg. «Ich würde zu Fuß gehen, aber ich weiß den Weg nicht von hier.»

«Was ist mit ...?» Der Name des Börsenhändlers fiel mir nicht ein, aber ich zermarterte mir auch nicht den Kopf.

«Dem flotten Rupert?» Sie lächelte reumütig. «Er ist gefahren.»

«Ohne Sie?» Ich wusste nicht, ob ich schockiert oder erfreut sein sollte.

Sie wandte den Blick ab, um ihre Verlegenheit zu verbergen. «Sagen wir, wir hatten eine Meinungsverschiedenheit, was den Dank betraf, den er dafür erwartete, mich nach Hause zu fahren.»

«Also, Sie beide sind gar nicht …?»

«Um Gottes willen!» Sie schüttelte nachdrücklich den Kopf, sodass ihr blonder Schopf im Laternenlicht aufschien. «Nein, er ist mit meiner Mitbewohnerin befreundet. Cath hat gerade im St. Bart's Hospital ihren Facharzt als Anästhesistin gemacht, dadurch kennt sie Jason ein wenig. Auf dem Weg wurde ich heute Abend eingeladen.»

Jasons Bemühungen, sie ausfindig zu machen, hatten sich offenbar in Grenzen gehalten. Aber das spielte jetzt keine Rolle mehr. «War Ihre Mitbewohnerin auch da?»

«Nein, sie hat Grippe. Sie meinte, sie müsste deswegen nicht allen Leuten den Heiligabend verderben, deshalb bin ich mit Rupert mitgekommen. Ich wusste vorher, dass das keine gute Idee war, aber … Na ja, ich wohne noch nicht so lange in London und kenne nicht viele Leute hier.» Von Peinlichkeit geschüttelt, schloss sie die

Augen. «Gott, wie konnte ich nur so dumm sein! Was soll ich ihr jetzt erzählen?»

Sie wirkte betroffen und verärgert, deshalb wechselte ich das Thema. «Hören Sie, zum Herumstehen ist es zu kalt. Clerkenwell ist auf meinem Weg, und die Hauptstraße ist nicht weit. Dort haben wir bessere Aussichten, ein Taxi zu erwischen.»

Sie musterte mich einen Moment, dann nickte sie. «Okay.»

Von Atemnebel umweht, gingen wir gemeinsam die leere Straße hinunter. Unsere Arme streiften sich, und mich überkam der verrückte Impuls, meinen Arm um sie zu legen. Es kam mir so natürlich vor, dass ich mich zwingen musste, es nicht zu tun.

«Sie waren damals auf der Grillparty, nicht wahr?», sagte sie aus heiterem Himmel.

«Ich hätte nicht gedacht, dass Sie das noch wissen», gestand ich. Dann überraschte ich mich: «Ich habe später sogar nach Ihnen gesucht, aber Sie waren schon gegangen.»

«Wirklich? Tut mir leid, ich hatte Frühdienst.» Wir lächelten beide. Alle Beklommenheit war verflogen. «Ich habe noch nie einen forensischen Anthropologen kennengelernt.»

«Da haben Sie nicht viel verpasst. Abgesehen vom Rasierwasser.» Sie lachte und lehnte sich an mich. Irgendwie schaffte ich es, nicht vor Freude in die Luft zu boxen. «Und Sie sind auch Anästhesistin?»

«Nein, aber ich arbeite im selben Krankenhaus. Ich bin Assistenzärztin für Radiologie.»

Über uns tat es mehrere laute Schläge schnell hintereinander, und wir blickten auf. Feuerwerksraketen ließen den nachtsamtenen Himmel aufleuchten. In der flackernden Helligkeit warf ich einen Blick auf meine Uhr und sah, dass Mitternacht war.

«Fröhliche Weihnachten», sagte ich. «Ich glaube, wir haben uns noch gar nicht richtig vorgestellt. Ich heiße David.»

Sie lächelte. «Ich bin Kara.»

Über uns zischten und krachten die Raketen am Himmel. Wir gingen die dunkle Straße dahin.

# Schneefall

*Aus dem Englischen*
*von Andree Hesse*

Der Schnee wehte hinab, bedeckte das bereits mit Frost überzogene spröde Gras und ließ es weicher wirken. So weit das Auge reichte, erstreckten sich nach allen Seiten die Grampian Highlands, deren weiße Gipfel und Täler von grünem Gebüsch übersät waren. Der Himmel darüber war so eintönig grau, dass er unendlich schien.

Ich starrte wie hypnotisiert auf die zahllosen zu Boden sinkenden Schneeflocken und riss mich dann zusammen. Vor mir befand sich der einzige Farbtupfer in der Landschaft: ein quadratisches Zelt, das so gelb leuchtete, als würde die Sonne von innen durch den Stoff brechen.

«Alles in Ordnung, Dr. Hunter?»

Detective Sergeant Winters hatte einen passenden Namen, jedenfalls in diesen Monaten des Jahres. Aber der kalte Name war irreführend. Die Kriminalbeamtin war klein und hübsch und hatte eine sanfte Stimme, die ihr in ihrem Beruf bestimmt keine Hilfe war. In dem Schutzanzug, den sie über ihre Zivilkleidung gezogen hatte, sah sie aus wie ein Kind, das in Erwachsenenkleider geschlüpft war.

«Ich habe mir nur ein wenig die Beine vertreten», sagte ich.

Das gefrorene Gras und die fester werdende Schneedecke knirschten unter meinen Füßen, als ich ihr ins Zelt folgte. Drinnen war die Luft feucht, aber etwas wärmer, ein Eindruck, der durch das von dem gelben Stoff erzeugte falsche Sonnenlicht verstärkt wurde. Einige Gestalten hockten vor einer dunklen, rechteckigen Grube im Grasboden. Aufgrund der weiten Overalls und der Masken wirkten sie geschlechtslos und waren nicht unterscheidbar.

Als ich hereinkam, schauten sie auf. Einer nach dem anderen trat zur Seite, damit ich sehen konnte, was sie da untersucht hatten.

Die Knochen in dem Grab waren klein, wie ich gleich auf den ersten Blick erkennen konnte. Das Team der Spurensicherung hatte sie nur teilweise freigelegt, sodass sie aus der kalten, harten Erde herauszuwachsen schienen. Da sie auch dieselbe Farbe wie der Boden hatten, hätte man meinen können, sie bestünden aus dem gleichen Material. Ich hockte mich neben die Grube. Der Schädel lag schräg auf der Seite, aus den leeren Augenhöhlen und dem Mund rieselte torfige Erde. Er war leicht nach unten geneigt, so als würde er auf das hinabschauen, was die Leiche in den Armen hielt.

An die gebrochenen Rippen schmiegte sich ein zweites Skelett, das wesentlich kleiner war als das andere.

«Ein Schafzüchter hat sie gefunden. Er hat einen Teil des Schädels gesehen, der aus der Erde herausragte», erläuterte Winters und zuckte dann mit den Achseln. «Diese Gegend leidet seit Jahren an Bodenerosion. Wir glauben, dass der heftige Regen im Herbst die letzte Erde weggespült hat, die diese Knochen noch bedeckt hatte. Aber wie Sie sehen können, sind sie nicht besonders tief vergraben gewesen.»

Das stimmte. Das Grab war nicht einmal einen halben Meter tief und bedeckte kaum den traurigen Knochenhaufen, der einmal zwei Leben gewesen war.

«Glauben Sie, es ist wieder passiert?», fragte Winters.

Sie musste nicht erklären, was sie meinte. Dies war meine zweite Reise in die Grampian Highlands innerhalb weniger Monate. Beim letzten Mal hatte ich dabei geholfen, die brutal entstellte Leiche einer jungen Frau aus einem Grab im Hochmoor zu bergen, das allerdings wesentlich tiefer gewesen war als dieses. Damals war ich zum ersten Mal zu den Ermittlungen herangezogen worden, und in den vergangenen zwei Jahren hatte es dann eine Reihe ähnlicher Fälle gegeben. Jedes Mal hatte es sich um junge Frauen gehandelt, deren Leichen furchtbare Wunden aufwiesen. Die Ähnlichkeit der Verletzungen und die Anordnung der Überreste ließen keinen Zweifel daran, dass immer ein und derselbe Mörder dafür verantwortlich war.

Manchen Menschen gefällt es, andere Menschen umzubringen. Als forensischer Anthropologe ist es mein Beruf – meine Berufung –, herauszufinden, wie sie es getan haben, und für die Identifizierung ihrer Opfer zu sorgen. Und manchmal, so Gott will, dabei zu helfen, dass sie es nicht wieder tun.

Doch bei diesen Fällen war das nicht gelungen. Wer auch immer der Mörder war, er hatte – es war fast immer ein *Er* – seit Jahren unbehelligt gemordet. Erst in jüngster Zeit waren seine Taten nach und nach ans Tageslicht gekommen und hatten auf seine Existenz hingewiesen. Ich war mir ziemlich sicher, dass es noch mehr Opfer geben musste, deren Leichen noch nicht gefunden worden waren.

Und dass es weitere geben würde.

Allerdings war ich mir nicht sicher, ob wir es hier mit einem weiteren Opfer dieses Mörders zu tun hatten. «Ich weiß es nicht», antwortete ich.

«Zuerst hielten wir es für möglich. Ich hatte mit den anderen Fällen nichts zu tun, aber ... Na ja, Sie wissen schon, wenn hier draußen eine vergrabene Frau gefunden wird ... Doch dann haben wir das ... das zweite Skelett entdeckt.»

Ich bemerkte ihr Zögern, als könnte sie, indem sie die Worte vermied, die grausame Tatsache verleugnen, die vor ihr ausgebreitet lag. Aber sie war nicht zu verleugnen. Auch wenn man es nicht aussprach, gab es keinen Zweifel daran, dass in den skelettierten Armen ein Kind lag.

Ein Baby.

«Sonst wurde immer nur eine gefunden, oder? Nicht zwei?», fragte Winters, obwohl sie das bereits wusste. Aber sie war nervös und versuchte es zu verbergen.

Das war in solchen Situationen nicht ungewöhnlich.

«Ja, es war immer nur eine Leiche», bestätigte ich ihr. Ich hatte mittlerweile die Knochen untersucht, bisher allerdings, ohne sie zu berühren, und versuchte nun, Hinweise darauf zu finden, mit wem wir es zu tun hatten. «Sind Sie sicher, dass es eine Frau ist?»

«Nein, aber ich dachte ...» Winters deutete auf die aneinandergeschmiegten Überreste. «Also, ich nahm an, es handelt sich um eine Mutter mit ... mit Kind. Oder?»

Sie klang besorgt. Ich vermutete, dass sie noch nicht an vielen Mordermittlungen beteiligt gewesen war. Das Team der Spurensicherung, das erfahrener war, wartete geduldig. Die Beamten hatten sich daran gewöhnt, sich von solchen Anblicken nicht aus der Fassung bringen zu lassen. Oder es zumindest nicht zu zeigen. Was sie in der Nacht träumten, war eine andere Sache.

«Sie könnten recht haben», sagte ich. «Ich wollte nur wissen, ob das bereits festgestellt worden ist.»

Ein Beamter der Spurensicherung meldete sich zu Wort. Unter der Kapuze des Overalls und hinter der Maske konnte man ihn kaum erkennen, aber seine Stimme klang nach einem Mann in den mittleren Jahren, und er sprach in dem rauen, melodischen Singsang der Highlands.

«Noch nicht. Sieht aber so aus, als könnten es tatsächlich Mutter und Kind sein. Der Schädel und die Hüfte scheinen weiblich zu sein, soweit wir sehen können. Über das arme Kind können wir aber noch nichts sagen.»

Ich nickte. Dass der Schädel zierlich und die Hüften eher breit aussahen, war mir bereits selbst aufgefallen, und angesichts der geringen Größe der Überreste konnte es keinen Zweifel daran geben, dass die Leiche eine Frau gewesen war.

Ein Urteil über das Kind zu fällen war aber nicht so leicht. Je jünger ein Baby ist, desto schwerer fällt die Bestimmung des Geschlechts, zudem war von dem winzigen Skelett noch nicht genug freigelegt worden, um überhaupt Vermutungen anzustellen. Der Schädel war teilweise im dunklen Torf vergraben, ich konnte jedoch sehen, dass die Fontanellen, die Lücken zwischen den Schädelplatten eines Neugeborenen, sich noch nicht vollständig geschlossen hatten.

«Weniger als ein Jahr alt, meinen Sie nicht auch?», fragte der Beamte. Sein Ton war sachlich, doch ich meinte eine Spur Traurigkeit herauszuhören.

«Würde ich auch sagen.»

Er nickte, ohne seinen Blick von der Grube abzuwenden. Hinter der Schutzkleidung waren von seinem Gesicht nur die Augen zu sehen, und die waren von einem Faltennetz umringt und wirkten müde. «Ich habe einen Enkel in dem Alter.»

Dazu gab es nichts zu sagen. «Haben Sie an einem der beiden Skelette Spuren von Verletzungen entdeckt?», fragte ich.

«Nur diese.»

Mit einem weichen Pinsel strich er behutsam die restliche Erde vom Unterschenkel der Frau.

Das Schienbein war eindeutig in der Mitte gebrochen.

«Der Bruch ist nicht verheilt, er muss also noch frisch gewesen sein, als sie gestorben ist», sagte der Beamte. Sein Atem hing wie eine Nebelwolke in der Luft.

«Wahrscheinlich», stimmte ich zu. Ein Verdacht kam in mir auf, doch ich musste Gewissheit haben, ehe ich etwas sagte. Ich bückte mich, um die Rippen des größeren Skeletts zu untersuchen, und berührte sie vorsichtig mit meinen in Latexhandschuhen steckenden Fingern. Aus der Nähe waren die Knochen zerfressen und abgenutzt, wodurch sie noch zerbrechlicher wirkten. «Haben Sie Kleidungsreste gefunden?», fragte ich.

«Überhaupt keine.» Seine Stimme klang wütend. «Sieht so aus, als wären sie nackt vergraben worden.»

«Auf gewisse Weise hoffe ich ja, dass es derselbe Mörder ist», sagte Winters und versuchte, ihr Unbehagen hinter vorgespielter Forschheit zu verbergen. «Ist schon schlimm genug, wenn einer hier draußen herumläuft.»

Ich sagte nichts und schaute nur hinab auf die Skelette.

«Und, wollen Sie anfangen, Dr. Hunter?», fragte Winters nach einer Weile, vielleicht entnervt von meinem Schweigen.

Ich stand auf. «Nein. Hier gibt es für mich nichts zu tun.»

Die Gesichter in dem gelben Zelt starrten mich an. Winters' Verwirrung wich der Verärgerung. «Tut mir leid, aber das verstehe ich nicht. Wir haben hier einen Doppelmord, wahrscheinlich von einem Serienmörder verübt. Und für Sie gibt es nichts zu tun?»

«Ich glaube nicht, dass die beiden ermordet worden sind», entgegnete ich. «Und selbst wenn sie ermordet worden wären, könnte man nichts mehr tun. Es ist vor zu langer Zeit passiert.»

Winters blinzelte, als ihr dämmerte, was ich meinte. «Vor zu langer …? Meinen Sie, die Skelette sind alt?»

«Nicht nur alt. Sie sind uralt. Sie haben schon so lange dort gelegen, dass die Erde bereits in die Knochen eingedrungen ist und sie hat vermodern lassen. Deswegen die gleiche Farbe. Und deswegen gibt es auch keine Kleidungsreste.» Ich zuckte müde mit den Achseln. «Egal, ob sie Wolle oder Baumwolle oder gar Leder getragen haben, die Kleidung ist schon vor Jahrhunderten verrottet.»

Winters machte ein Gesicht, als wüsste sie nicht, ob sie erleichtert oder enttäuscht sein sollte.

«Glauben Sie, es könnte ein rituelles Grab sein?», fragte der ältere Beamte der Spurensicherung. Die Atmosphäre im Zelt hatte sich verändert, die Anspannung war verflogen.

«Das müssen Sie einen Archäologen fragen», sagte ich. «Aber ich bin mir nicht einmal sicher, ob sie begraben worden sind. Die Knochen weisen Zahnspuren auf. Ich würde sagen, sie lagen eine ganze Weile im Freien. Lange genug jedenfalls, dass sich Tiere über die Überreste hergemacht haben. Keine großen, sonst wären die Knochen verstreut worden. Wahrscheinlich nur Vögel und Nager.»

«Die armen Teufel», sagte er sanft. «Haben Sie eine Idee, woran sie gestorben sind?»

«Ich glaube, das haben Sie bereits herausgefunden. Das gebrochene Bein der Mutter. Damit konnte sie nicht mehr weitergehen. Und wenn das Wetter so war wie jetzt ...»

Der Satz musste nicht beendet werden. Er nickte. «Sie hat sich also einfach hingelegt und ist mit ihrem Baby gestorben. Und dann haben sich die Knochen im Boden abgelagert und wurden allmählich zugeweht. Deswegen sind sie auch kaum mit Erde bedeckt.»

Stille entstand. Einer der Polizeibeamten durchbrach sie. «Sollen wir dann einpacken?»

Winters seufzte verärgert auf. «Meinetwegen.»

Ich folgte ihr nach draußen. Es schneite noch immer, und nach dem Aufenthalt in dem gelben Zelt blendete das Weiß. Die eisigen Flocken erfüllten die Luft und schwirrten langsam zu Boden. Ich schaute in die leere Landschaft und dachte an die junge Frau, die hier draußen vor unzähligen Jahren allein mit ihrem Kind gestorben war.

Wieder eine Geschichte, die letztlich für immer unbekannt bleiben würde.

«Ich werde das Präsidium bitten, einen Archäologen herzuschicken», sagte Winters, zog die Latexhandschuhe aus und öffnete den Reißverschluss ihres Overalls. Sie klang lustlos, und ich bezweifelte, dass sie selbst ihre Stimmung als Enttäuschung erkannte. Oder die Enttäuschung zugeben würde, wenn sie sie erkannte. «Tut mir leid, dass Sie umsonst den ganzen Weg hier rauskommen mussten.»

«Es ist nicht Ihre Schuld», sagte ich, aber sie hatte sich schon abgewandt, um einem uniformierten Constable Anweisungen zu erteilen, und hörte mich nicht.

«Trotzdem, danke, dass Sie gekommen sind, Dr. Hunter», sagte sie, als sie mir zum Abschied die Hand schüttelte. Da die Latexhandschuhe bei diesem Wetter kaum wärmten, war ihre eiskalt. Sie wollte sich umdrehen, hielt dann aber inne und schenkte mir ein Lächeln, ein wenig ironisch und ein wenig gehemmt. «Ach, und fröhliche Weihnachten.»

«Fröhliche Weihnachten», sagte ich. Dann machte ich mich auf den langen Weg über das Hochmoor zurück zu meinem Wagen.

**Simon Beckett** ist einer der erfolgreichsten englischen Thrillerautoren. Seine Serie um den forensischen Anthropologen David Hunter wird rund um den Globus gelesen: «Die Chemie des Todes», «Kalte Asche», «Leichenblässe» und «Verwesung» waren allesamt Bestseller. Auch «Der Hof» erreichte Platz 1 der Bestsellerliste.

Simon Beckett ist verheiratet und lebt in Sheffield.

## Weitere Titel

Der Hof

Der Wendepunkt

Flammenbrut

Katz und Maus

Obsession

Schneefall & Ein ganz normaler Tag

Tiere

Versteckt

Voyeur

*David Hunter*

Die Chemie des Todes

Kalte Asche

Leichenblässe

Verwesung

Totenfang

Die ewigen Toten

*Jonah Colley*

Die Verlorenen